AF563053

IMPOTS NOUVEAUX

EMPRUNTS ET AMORTISSEMENT EXIGÉS
PAR LA SITUATION FINANCIÈRE

MOYENS
DE COMBATTRE LES ABSTENTIONS ET LEURS MAUVAIS EFFETS

DANS

LES ÉLECTIONS

MÉMOIRE

ADRESSÉ A

MONSIEUR LE PRÉSIDENT ET AUX MINISTRES
DE LA RÉPUBLIQUE

AUX PRÉSIDENTS DES DIVERS BUREAUX
ET DES COMMISSIONS DE L'ASSEMBLÉE NATIONALE

PAR

ED. LOYSEL

PARIS
ÉDOUARD BLOT ET FILS AINÉ, IMPRIMEURS
7, RUE BLEUE, 7

1872

IMPOTS NOUVEAUX

EMPRUNTS ET AMORTISSEMENT EXIGÉS
PAR LA SITUATION FINANCIÈRE

MOYENS
DE COMBATTRE LES ABSTENTIONS ET LEURS MAUVAIS EFFETS

DANS

LES ÉLECTIONS

MÉMOIRE

ADRESSÉ A

MONSIEUR LE PRÉSIDENT ET AUX MINISTRES
DE LA RÉPUBLIQUE

AUX PRÉSIDENTS DES DIVERS BUREAUX
ET DES COMMISSIONS DE L'ASSEMBLÉE NATIONALE

PAR

ED. LOYSEL

PARIS
ÉDOUARD BLOT ET FILS AINÉ, IMPRIMEURS
7, RUE BLEUE, 7

1872

IMPOTS NOUVEAUX

EMPRUNTS ET AMORTISSEMENTS EXIGÉS PAR LA SITUATION FINANCIÈRE

MOYENS

DE COMBATTRE LES ABSTENTIONS ET LEURS MAUVAIS EFFETS

DANS LES ÉLECTIONS

MÉMOIRE

ADRESSÉ

A Monsieur le Président et aux Ministres de la République

AUX PRÉSIDENTS DES DIVERS BUREAUX

ET DES COMMISSIONS DE L'ASSEMBLÉE NATIONALE

Paris, 20 mars 1872.

Laissée indécise, après de longues discussions, la question d'une partie des impôts nouveaux nécessaires pour l'équilibre du budget a été renvoyée par l'Assemblée nationale à une Commission spéciale.

Le champ reste donc ouvert à toutes combinaisons nouvelles. C'est ce qui nous donne la hardiesse de soumettre à votre haute appréciation quelques idées particulières dont l'application (nous le croyons du moins) permettrait d'approcher beaucoup du but, si ce n'est de l'atteindre.

Daignez, messieurs, prendre connaissance de ce Mémoire, et vous en jugerez.

Impôt de capitation.

Beaucoup de considérations sérieuses militent en faveur de cette source féconde de recettes... Nous ne les énumérerons pas ici, pour ne pas nous étendre outre mesure ni abuser de votre patience; nous nous bornerons à dire qu'il serait juste, profitable et peu onéreux d'y recourir.

Tout citoyen français majeur y serait soumis. — La capitation serait fixée au produit moyen de deux journées de travail, calculées suivant l'importance des communes de 1 fr. 75 c. à 5 fr. 50 c. chacune. — Les communes de chaque arrondissement formeraient un groupe solidaire du recouvrement ayant droit de requérir le travail en nature de deux journées de tout citoyen ne payant pas en deniers comptants. — Le payement ou l'accomplissement loyal du travail requis serait la condition *sine qua non* de l'inscription ou du maintien sur les listes électorales.

Estimant le prix moyen des journées à 3 fr. produisant 6 fr. pour deux et le nombre des citoyens majeurs à dix millions, on obtiendrait de cette capitation soixante millions sans que le fardeau ainsi divisé fût bien lourd pour aucun ; la solidarité des communes de chaque arrondissement ayant pour effet d'exonérer les indigents et d'assurer cependant le recouvrement en répartissant le déficit entre elles proportionnellement à leurs ressources.

Cette capitation fixe, réclamée indistinctement de tous les citoyens, nous voudrions qu'elle fût successivement doublée, triplée, quadruplée, et ainsi de suite, jusqu'à trentuplée pour les citoyens majeurs aisés ou riches payant au moins 50 fr. de contributions directes; suivant une progression à déterminer et d'après laquelle on arriverait à une capitation trentuple pour ceux payant 5,000 fr. et plus d'impôts directs.

Les effets de cette disposition seraient les suivants : la capitation générale variant de 3 fr. 50 minimum à 11 fr. maximum, le double produirait de 7 à 22 fr., et le trentuple de 105 au moins à 330 fr. au plus. Renfermée dans ces limites, notre progression échappe à l'objection instinctive faite à tout système d'impôt progressif qui, poussé à fond, conduit à la spoliation.

Ainsi conçu, notre système est bien loin de l'exagération de celui qui est suivi, pour l'impôt mobilier à Paris, au préjudice de la propriété et qui certainement appelle une modification sérieuse.

Les bases d'évaluation nous manquent pour apprécier le produit de cette capitation supplémentaire; mais nous sommes enclin à penser qu'il approcherait de 20 millions, et à défaut nous voudrions que les bases en fussent établies de façon à les produire, parce que, prélevée sur une classe de citoyens aisés ou riches, proportionnellement à leurs facultés, elle ne leur imposerait, à vrai dire, qu'un léger sacrifice.

Incidemment nous ajouterons que cette classe de citoyens, payant capitation multiple, nous paraît apte à former un corps électoral particulier pour les élections d'une seconde assemblée ou sénat dont les membres devraient avoir des conditions d'éligibilité particulières.

Impôt sur les affaires de toute nature.

Il est naturel, juste et nécessaire que les bénéfices des affaires et même des exploitations agricoles participent plus largement que par le passé aux charges publiques devenues plus lourdes. — Mais comment l'obtenir sans mesures inquisitoriales et vexatoires? Cela nous paraît impossible. Pourrait-on même l'obtenir sûrement en recourant à de telles mesures?

Nous faisons plus que d'en douter; nous sommes convaincu de l'impossibilité absolue du contrôle efficace des déclarations.

Nous trouvons donc impraticable le prélèvement d'un quantum quelconque sur des bénéfices déclarés.

Certaines personnes, partageant sans doute cette opinion, proposent de baser le prélèvement sur le chiffre des affaires.

Mais comment ne pas voir que les difficultés, les impossibilités seraient exactement les mêmes? De plus, que malgré toutes les catégories que l'on pourrait établir on arriverait, même en admettant l'exactitude des déclarations assurée par un contrôle sérieux, on arriverait néanmoins à des inégalités choquantes et iniques. En effet, suivant la nature des affaires et suivant le caractère des chefs d'établissements de même sorte, les bénéfices varient de 1 et demi à 3 et demi pour 100 dans les grandes opérations commerciales ou industrielles, et ce sont ceux qui travaillent au taux le plus bas qui, bonnes, médiocres ou mauvaises, font le plus d'affaires; si bien que, supposant quatre millions d'affaires à 1 et demi pour 100 faits par l'homme ardent, et deux millions seulement faits à 3 pour 100 par un chef de maison plus calme, le même bénéfice réalisé serait de 60,000 fr. pour l'un comme pour l'autre, tandis que le même prélèvement fait d'un quantum quelconque sur le chiffre d'affaires imposerait charge double au premier.

Est-ce admissible? La même démonstration se peut faire pour les opérations de demi-gros et pour celles de détail donnant : celles-ci de 15 à 80 pour 100, celles-là de 7 à 12. Nous laissons en dehors de ces évaluations tous les résultats de spéculations, parce que, tantôt heureuses, tantôt malheureuses, elles se compensent le plus souvent; nous laissons également en dehors les opérations de finance et de banque qui, ne donnant généralement que 2 1/2 ou 3 pour 1,000 au plus de bénéfice net sur le chiffre des affaires ne peuvent supporter un prélèvement sur cette base.

Par tout ce qui précède, nous sommes amené à reconnaître comme défectueuses au plus haut degré les deux bases précitées, et à en présenter une troisième dont il n'a pas encore été question, à notre connaissance : c'est le capital engagé dans les établissements qui nous l'offre, et elle nous semble beaucoup plus certaine et plus juste. En effet, toutes les maisons d'une certaine importance, régulièrement constituées en société, soit collective, soit en commandite, et toutes les sociétés anonymes, sont déjà tenues de déposer aux greffes des tribunaux de commerce des extraits de leurs actes de société énonçant leur capital et son mode de formation.

Pour les maisons de cet ordre, voici donc un point de départ certain.

Pour obtenir même certitude à l'égard de toutes les autres maisons, il suffirait d'imposer à tous les patentés, sans exception, l'obligation de déposer aux greffes des tribunaux de commerce, ou autres, à défaut de tribunal de commerce, une déclaration de formation, continuation ou acquisition d'établissement, énonçant leur capital et son mode de formation, et d'en afficher dans leurs établissements copie certifiée qui leur serait délivrée à cet effet par les greffiers. On aurait ainsi, non pas une certitude absolue, mais une forte présomption d'exactitude, due à une double garantie que présenteraient un contrôle en quelque sorte public, et l'intérêt même qu'aurait le patenté à ne pas diminuer son importance aux yeux de ses clients, et son crédit auprès de ses vendeurs, par une déclaration inférieure à la réalité.

Nous ne nous flattons pas que cette base échappe à toute critique, ni qu'elle soit parfaite, mais nous la tenons pour infiniment supérieure aux deux autres.

Cela dit, sans établir aucune catégorie, nous pensons qu'on pourrait imposer tous les capitaux engagés dans les affaires, sauf ceux qui, employés en terrains et constructions, payent déjà l'impôt foncier, et qu'on pourrait fixer cet impôt à 1/5 pour 100. Nous ajoutons qu'à notre avis les exploitations agricoles devraient y être soumises.

Impôt sur les professions libérales.

Pour les professions libérales qui le plus souvent n'exigent aucun capital, on prendrait pour base d'impôt le plus ou moins d'importance de l'installation professionnelle et de l'habitation personnelle de ceux qui les exercent, en doublant leur impôt mobilier, et le droit proportionnel figurant dans la patente de ceux qui sont patentés, et en imposant un droit proportionnel simple à ceux qui, par leur profession, ne sont pas soumis à prendre et à payer patente (s'il en est).

Emprunts.

Le présent ne pouvant évidemment supporter seul les charges écrasantes d'un passé néfaste, il faut inévitablement recourir aux emprunts, sous une forme ou sous une autre. Mais si nous ne voulons condamner à jamais notre malheureux et bien-aimé pays à une irrémédiable impuissance, il faut, en matière d'emprunt, rompre résolûment avec les funestes errements du passé.

Jusqu'ici on a toujours emprunté sans se préoccuper de rembourser jamais, ou tout au moins sans s'imposer l'obligation formelle d'amortir; on a toujours émis les emprunts sous les dénominations inexactes, pour ne pas dire mensongères, de 3, 4, 4 1/2 ou 5 pour 100, en se reconnaissant ainsi débiteur de 100 francs, alors qu'on ne recevait quelquefois que 80, 75, 60 et même 50 francs. L'intérêt réel était 5 pour 100, 5 1/2, 6 et même 6 1/2 pour 100, suivant l'état du crédit au moment des émissions. Il est vrai qu'on se réservait tacitement le droit de rembourser au pair et d'opérer facultativement le rachat des titres émis au cours du moment, au moyen d'une allocation annuelle accordée à une caisse d'amortissement. Remboursement au pair, droit dérisoire pour tout emprunt fait à 25, 40 et même 50 pour 100 au-dessous; amortissement facultatif, autant dire à peu près rien! Les faits l'ont prouvé.

Ce fut, à coup sûr, une gestion peu sensée de la fortune publique, et ses funestes conséquences pèsent aujourd'hui de tout leur poids sur nos finances.

Une administration intelligente et sage eût certainement voulu et pu amortir la plus grande partie de notre dette publique pendant les nombreuses années de prospérité dont la France a joui entre les dates néfastes de 1816 et 1870.

Quelle heureuse influence n'aurait-elle pas eu sur nos destinées cette sagesse vulgaire, si dédaignée par nos grands financiers! Qui peut douter des ressources immenses qu'elle eût accumulées pour les jours de l'adversité! de la bonne et sage politique qu'elle eût imposée à nos gouvernants en leur interdisant les folles aventures?

Après telle et si décevante expérience, il faut à tout prix inaugurer un nouveau système d'emprunts, en acceptant virilement les charges énormes d'un passé dont nous sommes tous plus ou moins coupables.

Il ne faut pas engager davantage l'avenir, et puisqu'il nous faut emprunter, faisons-le, mais en gens sérieusement soucieux des destinées de la France, ne voulant pas la laisser de plus en plus et indéfiniment écrasée sous le poids d'une dette perpétuelle toujours croissante.

Empruntons donc, mais amortissons, coûte que coûte; car, en dépit des arguments spécieux de ceux qui ne veulent voir qu'un jeu puéril dans l'amortissement fonctionnant, lorsque des emprunts sont nécessaires à l'équilibre des budgets, heureux de nous trouver en communauté d'idées avec M. le Président de la République, si compétent en telle matière, nous persistons à y voir la sauvegarde des finances.

L'amortissement est-il possible sans surcharger le présent outre mesure? Peut-il être effectué dans un temps assez court pour que les jeunes gens d'aujourd'hui voient par lui les finances de la France rétablies? A ces questions nous n'hésitons pas à répondre oui. Nous faisons plus; en prouvant par le tableau qui suit qu'un emprunt 5 pour 100 fait à 82 francs, taux probable dans les circonstances présentes, doté d'une allocation annuelle irrévocable de 7 fr. 50 par 100 francs à rembourser pour 82 reçus, allocation destinée à servir les intérêts d'abord, et à amortir ensuite par achats au-dessous du pair, ou par remboursement au pair des titres désignés par tirages semestriels, serait complétement remboursé en 29 ans au plus; nous disons au plus, parce que notre tableau étant fait pour remboursement au pair, les achats de titres qui pourraient être faits parfois au-dessous du pair auraient pour effet d'abréger quelque peu la durée de l'opération.

TABLEAU d'amortissement d'un emprunt 5 *pour* 100 *émis à* 82 *francs, soit* 6 *fr.* 10 *c. pour* 100 *d'intérêt, et doté d'une allocation annuelle irrévocable de* 7 *fr.* 50 *c. pour* 100.

CAPITAL DU		INTÉRÊTS		AMORTISSEMENT		SOLDES DUS		ANNÉES
fr.	cent.	fr.	cent.	fr.	cent.	fr.	cent.	
100	»	6	10	1	40	98	60	1re
98	60	6	01	1	49	97	11	2e
97	11	5	92	1	58	95	53	3
95	53	5	82	1	68	93	85	4
93	85	5	72	1	78	92	07	5
92	07	5	61	1	89	90	18	6
90	18	5	49	2	01	88	17	7
88	17	5	39	2	11	86	06	8
86	06	5	25	2	25	83	81	9
83	81	5	10	2	40	81	41	10
81	41	4	94	2	56	78	85	11
78	85	4	79	2	71	76	14	12
76	14	4	63	2	87	73	27	13
73	27	4	45	3	05	70	22	14
70	22	4	27	3	23	66	99	15
66	99	4	09	3	41	63	58	16
63	58	3	87	3	63	59	95	17
59	95	3	66	3	84	56	11	18
56	11	3	41	4	09	52	02	19
52	02	3	17	4	33	47	69	20
47	69	2	90	4	60	43	69	21
43	09	2	62	4	88	38	21	22
38	21	2	31	5	19	33	02	23
33	02	2	03	5	47	27	55	24
27	55	1	68	5	82	21	73	25
21	73	1	22	6	28	15	45	26
15	45	»	93	6	57	8	88	27
8	88	»	54	6	96	1	92	28
1	92	»	10	1	92	»	»	29
				100				

Il est à peu près inutile de faire observer que si par bonheur on réussit à émettre un emprunt à un prix supérieur à 82, l'intérêt à payer étant moins élevé, l'amortissement profitant de toute la différence s'opérerait dans un délai plus court. Nous prouverions, à l'aide d'autres tableaux, qu'un emprunt 5 pour 100 émis au pair serait amorti en 23 ans au plus avec même allocation, ou en 26 ans avec une allocation de 7 p. 100 seulement.

Ainsi, en s'imposant une charge annuelle temporaire de 7 fr. 50 pour 100, au lieu d'une charge perpétuelle de 6 fr. 10 pour 100, c'est-à-dire moyennant un sacrifice annuel de 1 fr. 40 pour 100 ou de 14 millions par milliard emprunté, 70 millions pour les cinq milliards d'indemnité de guerre, en 29 ans on serait libéré de cette dette énorme et d'une charge annuelle perpétuelle de 325 millions environ... Ce sacrifice, il faut nous l'imposer courageusement; il n'est pas au-dessus de nos forces. Si cependant il paraît trop lourd, qu'on réduise l'allocation annuelle à 7 pour 100. La charge supplémentaire annuelle ne sera plus que de 9 millions par milliard, et l'amortissement s'effectuera avec quelques années de plus.

Le produit de la capitation dont nous proposons l'établissement au commencement de ce Mémoire pourrait, à défaut d'autre moyen, être particulièrement affecté à l'opération de l'amortissement, et nous pensons que ce but, bien déterminé, ferait accepter sans murmure ce nouvel impôt.

Dons volontaires.

Sans partager les illusions de ceux qui ont eu assez de foi pour attendre des dons volontaires, assez de milliards pour payer la rançon de la France, nous pensons qu'ils auraient produit assez de millions pour y contribuer dans une certaine mesure, ne fût-ce qu'en formant un fonds d'amortissement spécial pour les emprunts contractés et à contracter pour cette rançon.

Il est donc regrettable, à notre avis, que la question n'ait pas été envisagée à ce point de vue et dans ce but plus modeste, mais aussi plus facile à atteindre. Aussi, autant nous approuvons le Gouvernement de ne pas avoir pris l'initiative, autant déplorons-nous qu'il ait cru devoir condamner sommairement la pensée patriotique des dons volontaires, au lieu d'en seconder l'exécution; un concours moral n'impliquant aucune solidarité en cas d'insuccès, eût suffi; mais s'il eût garanti en outre par son intervention la régularité des opérations et rassuré le public contre l'éventualité de sacrifices stériles, par la déclaration qu'il accepterait tout récépissé de dons volontaires, comme versement sur emprunt à émettre, sur la demande du souscripteur, dans le cas où l'ensemble des souscriptions n'atteindrait pas un minimum à déterminer, il aurait certainement imprimé un grand élan aux souscriptions ; et qui sait si elles n'eussent pas produit beaucoup plus que n'en attendaient les détracteurs, si ce n'est autant que l'espéraient les promoteurs de cette souscription.

Peut-être serait-il bon de relever l'idée des dons patriotiques de la condamnation purement sommaire prononcée par un honorable ministre.

Amendes contre les électeurs coupables d'abstention.

La loi qui a fait du vote un droit universel n'en a pas fait une obligation. Ce fut sagesse incontestable jusqu'à un certain point... Tout le monde approuve, en effet, qu'on ne contraigne pas l'homme qui, ne se sentant pas les connaissances nécessaires pour juger les choses et les hommes et choisir, se tient modestement à l'écart; et on ne peut que regretter de ne pas voir son exemple suivi par tous ceux qui sont dans le même cas et entre les mains desquels le bulletin de vote est une arme à deux tranchants... Une arme qu'ils tournent contre eux-mêmes en même temps que contre la société et la patrie sans en avoir conscience.

Mais que, hors des rangs de gens de labeur quotidien acharné, excluant la possibilité d'acquérir la connaissance des hommes et des choses, le droit et l'obligation de voter ne soient pas indissolublement liés, on ne le comprend guère : c'est une lacune qu'il importe de combler, et nous proposons de le faire ainsi.

Les électeurs seraient divisés en deux groupes : l'un composé de ceux payant simple capitation et par conséquent moins de 50 francs d'impôts directs, l'autre de ceux payant capitation multiple et par conséquent 50 francs d'impôts directs au moins.

Les électeurs du premier groupe auraient simplement le droit, ceux du second le droit et l'obligation de voter... Cette obligation aurait pour sanction une amende fixée au double ou au triple de leur capitation multiple.

De la sorte en laissant, comme cela doit être, libre accès pour tous dans les salles de scrutin, on y pousserait particulièrement les électeurs qui présentent le plus de chance de votes éclairés, le plus d'indépendance contre les agissements des comités d'embrigadement d'électeurs, qui font trop aisément, hélas ! un docile troupeau de la multitude sans lumières qui se presse dans le premier groupe.

Nous voulons croire que le produit des amendes ne serait pas très-élevé ; mais fort ou faible, nous voudrions qu'il fût entièrement attribué au budget de l'instruction publique, et particulièrement affecté aux écoles primaires, pour qu'il contribuât ainsi à éclairer, instruire et moraliser la multitude : œuvre essentielle au salut de la patrie et de la société que le suffrage universel a prématurément livrées à cette multitude dont les flots inconscients peuvent tout submerger et détruire un jour ou l'autre.

Moyens d'atténuer les fâcheux effets des abstentions.

Les abstentions indiquent, les unes, un sincère et louable aveu d'impuissance à juger hommes et choses ; d'autres une indifférence regrettable, que les amendes auraient pour but et pour effet de combattre ; enfin elles ont aussi une cause fréquente dans le scrutin de liste ; ce mode défectueux d'élection n'exclut-il pas en effet toute liberté dans le choix, en condamnant l'homme le plus intelligent à jeter dans l'urne un bulletin arrêté et fait sans sa participation, ou à émettre un vote isolé, c'est à dire perdu ? Le scrutin de liste éloigne donc des colléges électoraux bon nombre de gens intelligents que sa suppression y ramènerait.

Les électeurs qui s'abstiennent appartiennent évidemment à l'une de ces trois catégories ; ils ne veulent en aucune façon détruire la société, et si la crainte d'erreur pour les uns, l'indifférence ou le dégoût pour les autres ne les écartaient du scrutin, leurs votes seraient certainement favorables d'intention au moins au bon ordre et à la bonne gestion des affaires.

Pourquoi dès lors la loi à faire, ne déclarerait-elle pas que les abstenants seraient considérés comme déléguant leur droit de vote à un collége électoral particulier qui serait institué dans chaque département pour agir en leur lieu et place à titre de délégataire.

Ce collége électoral particulier pourrait être composé des conseils municipaux, du conseil général, de la magistrature, du clergé, des tribunaux de commerce, des membres de l'université de chaque département, etc., auxquels serait adjoint un certain nombre de citoyens remplissant des conditions particulières d'aptitude à déterminer. Il aurait pour mission et pour devoir (sanctionné par amende comme il est dit au chapitre précédent) de choisir un certain nombre de candidats, ne pouvant en aucun cas dépasser le quart du nombre des députés à élire dans le département.

Les candidats ainsi choisis bénéficieraient d'autant de voix qu'il y aurait eu d'abstentions et de bulletins nuls.

Si, pour préciser, nous prenons pour exemple le département de la Seine, 450,000 électeurs, 40 députés à nommer, 112,500 abstentions et bulletins nuls ou plus, le résultat du système que nous proposons serait celui-ci :

Les abstentions égalant ou dépassant le quart, le collége électoral délégataire aurait à désigner, par scrutin secret, dix candidats qui présentés par lui bénéficieraient de 112,500 votes au plus.

Si l'on trouve l'attribution faite trop forte, on pourrait la réduire d'un quart, d'un tiers ou même de moitié, tant sur le nombre des candidats à présenter que sur celui des votes à inscrire à leur profit. Mais, sauf une juste proportion à fixer, nous croyons le principe juste, bon, et que l'application en serait salutaire. On corrigerait ainsi les effets regrettables des abstentions qui souvent assurent le triomphe complet de listes qui, bien que réunissant la majorité des suffrages exprimés, peuvent n'offrir qu'une représentation peu fidèle du département, en excluant celle d'intérêts et d'opinions respectables, au grand détriment de la chose publique.

Puisque nous nous sommes trouvé entraîné à aborder la question électorale, nous nous permettrons d'émettre le vœu de voir déclaré à jamais déchu de ses droits politiques quiconque s'insurgera désormais contre les pouvoirs réguliers issus des élections.

Nous n'avons pas l'orgueil de croire qu'il n'y a pas d'amendements utiles à introduire dans les diverses idées que nous venons d'exposer en ce Mémoire; mais nous croyons sincèrement qu'étudiées par des hommes autrement éclairés et compétents que nous, elles pourraient fournir les bases de reformes salutaires pour l'avenir de notre pauvre France.

Nous avons obéi en les développant au sentiment le plus désintéressé, et ce n'est pas sans longue hésitation que nous nous sommes décidé à les soumettre à la haute appréciation du Gouvernement et de l'Assemblée : Heureux si elles peuvent être de quelque utilité; nous nous résignerons, dans le cas contraire, à la confusion inséparable d'une erreur de jugement.

Ed. Loysel.

135. — Éd. Blot et fils aîné, imprimeurs, rue Bleue, 7.

www.ingramcontent.com/pod-product-compliance
Lightning Source LLC
LaVergne TN
LVHW010221230826
846091LV00008BB/3615
* 9 7 8 2 0 1 2 3 9 7 7 4 3 *